रामधारी सिंह 'दिनकर'

जन्म : 23 सितम्बर, 1908 को बिहार के मुंगेर जिले के सिमरिया नामक गाँव में हुआ था। शिक्षा मोकामा घाट के रेलवे हाईस्कूल तथा फिर पटना कॉलेज में हुई जहाँ से उन्होंने इतिहास विषय लेकर बी.ए. (ऑनर्स) की परीक्षा उत्तीर्ण की। एक विद्यालय के प्रधानाचार्य, सब-रजिस्ट्रार, जन-सम्पर्क के उप-निदेशक, भागलपुर विश्वविद्यालय के कुलपति, भारत सरकार के हिन्दी सलाहकार आदि विभिन्न पदों पर रहकर उन्होंने अपनी प्रशासनिक योग्यता का परिचय दिया। 1924 में पाक्षिक 'छात्र सहोदर' (जबलपुर) में प्रकाशित पहली कविता से साहित्यिक जीवन का आरम्भ।

प्रमुख कृतियाँ : कविता–रेणुका, हुंकार, रसवन्ती, कुरुक्षेत्र, सामधेनी, बापू, धूप और धुआँ, रश्मिरथी, नील कुसुम, उर्वशी, परशुराम की प्रतीक्षा, कोयला और कवित्व, हारे को हरिनाम आदि। **गद्य**–मिट्टी की ओर, अर्धनारीश्वर, संस्कृति के चार अध्याय, काव्य की भूमिका, पन्त, प्रसाद और मैथिलीशरण, शुद्ध कविता की खोज, संस्मरण और श्रद्धांजलियाँ आदि।

सम्मान : 1959 में 'संस्कृति के चार अध्याय' पर साहित्य अकादेमी पुरस्कार और पद्मभूषण की उपाधि। 1962 में भागलपुर विश्वविद्यालय की तरफ से *डॉक्टर ऑफ लिटरेचर* की मानद उपाधि। 1973 में 'उर्वशी' पर भारतीय ज्ञानपीठ पुरस्कार। अनेक बार भारतीय और विदेशी सरकारों के निमंत्रण पर विदेश-यात्रा।

निधन : 24 अप्रैल, 1974

मृत्ति-तिलक

रामधारी सिंह 'दिनकर'

लोकभारती पेपरबैक्स

लोकभारती पेपरबैक्स में
पहला संस्करण : 2019
तीसरा संस्करण : 2026

लोकभारती पेपरबैक्स : उत्कृष्ट साहित्य के लोकप्रिय संस्करण

लोकभारती प्रकाशन
पहली मंजिल, दरबारी बिल्डिंग, महात्मा गांधी मार्ग
प्रयागराज-211 001
द्वारा प्रकाशित

शाखाएँ : 1-बी, नेताजी सुभाष मार्ग, दरियागंज, नई दिल्ली-110 002
अशोक राजपथ, साइंस कॉलेज के सामने, पटना-800 006
1, अनमोल सोराबजी सन्तुक लेन, धोबी तलाव, मरीन लाइंस, मुम्बई-400 002

वेबसाइट : www.lokbhartiprakashan.com
ई-मेल : info@lokbhartiprakashan.com

बी.के. ऑफसेट
नवीन शाहदरा, दिल्ली-110 032
द्वारा मुद्रित

मूल्य : ₹199

MRITTI-TILAK
Poems by Ramdhari Singh 'Dinkar'

ISBN : 978-93-88211-94-9

प्राक्कथन

पूज्य राष्ट्रकवि रामधारी सिंह 'दिनकर' को गुजरे छियालीस वर्ष हो गए। अब उनकी 110वीं जयन्ती का वर्ष बीत रहा है।

यूँ तो महाकवि दिनकर जी को राष्ट्रकवि कहा गया है पर महीयसी महादेवी वर्मा ने कहा था कि वे विश्वकवि हैं, क्योंकि उनकी कविताओं में मात्र राष्ट्रीयता की वाणी और उसकी स्वायत्तता का गौरवगान और संघर्ष नहीं है वरन् प्रेम का एक व्यापक क्षितिज है जो उन्हें विश्वकवि की श्रेणी में ले आता है। वस्तुतः दिनकर जी एक ही साथ विश्वकवि, महाकवि, राष्ट्रकवि और जनकवि—सभी हैं। उनकी विभिन्न कविताओं में भिन्न-भिन्न तौर पर उनके काव्य-व्यक्तित्व का वैशिष्ट्य प्रकट होता है।

दिनकर जी आज भी पाठकों के सर्वाधिक प्रिय कवि हैं और प्रासंगिक भी। उनकी कविताओं में आग है, राग है और अध्यात्म है। उनकी कविताओं का अवगाहन कर प्रतीत होता है कि वे अपने समकालीन कवियों से अलग तरीके से पाठकों के समक्ष प्रकट होते हैं।

दिनकर जी ने कहा था कि सच्चा कवि हमेशा जीवित रहता है—उसके प्रति राग और द्वेष के कारण उसके सामने उसका सही मूल्यांकन नहीं हो पाता। किसी कवि का सही मूल्यांकन उसके निधन के पचास वर्ष बाद होता है। और हम देख रहे हैं, जैसे-जैसे समय गुजरता जा रहा है, दिनकर जी की कविताओं की लोकप्रियता बढ़ती जा रही है।

पूर्व में दिनकर जी की सभी किताबें लोकभारती प्रकाशन से कुछ नवीन स्वरूप और अलग नाम देकर प्रकाशित हुई थीं। अब सभी पुस्तकें अपने पुराने नाम और प्रारूप में प्रकाशित हो रही हैं। आशा है, इससे दिनकर-प्रेमी हिन्दी साहित्य जगत् सन्तुष्ट होगा।

—अरविन्द कुमार सिंह

दिनकर भवन
आर्य कुमार रोड
पटना-800004

दो शब्द

इस संग्रह की कुछ कविताएँ पहले 'धूपछाँह' नामक संग्रह में निकली थीं। पीछे, जब उस संग्रह को मैंने खारिज कर दिया, तब कई कविताएँ बेपनाह हो गईं। कुछ ऐसी भी कविताएँ इस संग्रह में हैं जो पहले कभी छपी ही नहीं। अब सूर्य पश्चिम की ओर ढलने लगा है। अतएव जो कविताएँ समेटी जा सकती थीं, उन्हें मैंने इस मंजूषा में समेट दिया है।

—दिनकर

भागलपुर
30 मार्च, 1964 ई.

अनुक्रम

मृ
त्ति
ति
ल
क

राजर्षि-अभिनन्दन

[स्वर्गीय राजर्षि पुरुषोत्तमदास टंडन के अभिनन्दन में]

जन-हित निज सर्वस्व दान कर तुम तो हुए अशेष;
क्या देकर प्रतिदान चुकाए ऋषे! तुम्हारा देश?

राजदंड, केयूर, क्षत्र, चामर, किरीट, सम्मान;
तोड़ न पाए यती! ध्येय से बँधा तुम्हारा ध्यान!

ऐश्वर्यों के मोह-कुंज में भी धीरता डोली,
तुमने तो की ग्रहण देवता! केवल अक्षत-रोली।

जय कामना-जयी! व्रतचारी! मधुकर चम्पक-वन के!
जय हो अभिनव भरत भव्य भारत के राजभवन के!

गत की तिमिराच्छन्न गुफा में शिखा सजानेवाले!
जय जीवित, उज्जवल अतीत की ध्वजा उठानेवाले!

ऋषे! मरेगा कभी न भारतवर्ष तुम्हारे मन का,
अब तो वह बन रहा ध्येय जग भर के अन्वेषण का।

टूट रहीं परतें, स्वरूप अपना धुलता जाता है,
मन्द-मन्द मुदित सरोज का मुख खुलता जाता है।

मन्द-मन्द उठ रही हमारी ध्वजा धर्म की, बल की,
विभा नर्मदा-कावेरी की, प्रभा जह्नुजा-जल की।

क्षमा, शान्ति, करुणा, ममता, ये सब आकार धरेंगे,
शमन किसी दिन हालाहल का जग में हमीं करेंगे।

संस्कृति से संपृक्त यहाँ विज्ञान मुक्त-दव होगा,
हुआ नहीं जो कहीं और, भारत में सम्भव होगा।

एक हाथ में कमल, एक में धर्मदीप्त विज्ञान,
ले कर उठनेवाला है धरती पर हिन्दुस्तान।

[1955 ई.]

भारत-व्रत

[सन् 1955 ई. में रूसी नेताओं के दिल्ली-आगमन के अवसर पर विरचित]

स्वागत लोहित सूर्य! यहाँ निर्मल, नीलाभ गगन है,
क्षीर-कल्प सर-सरित, अगुरु-सौरभ से भरित पवन है।
लेकर नूतन-जन्म पुरातन व्रत हम साध रहे हैं,
युग की नींव क्षमा, करुणा, मुदिता पर बाँध रहे हैं।

खोज रहे वह उत्स जहाँ से पयस्विनी छूटी थी,
अभयदायिनी, शुभ्र अहिंसा की धारा फूटी थी।
वह निसर्ग-शुचि मन्त्र, धर्म-जाग्रत जिससे जन-मन हो,
बिना छुए विष को विष की ज्वाला का स्वयं शमन हो।

वह पथ, जिस पर चले मनुजता प्रेरित स्वयं हृदय से,
आलोकित निज पुण्य प्रभा से, दीपित आत्मोदय से।
लोभ-द्रोह-छल-छद्म-कलुष-कालिमा प्राण की धोकर
पहुँचें हम उस दिव्य लोक में मनुज पूर्ण विध होकर–

जहाँ नहीं शम-दम-बन्धन हैं, जहाँ नहीं शासन है,
समता की शीतल छाया में जहाँ सुखी जन-जन है।
शान्ति-लोक वह, जहाँ आणविक बम न कभी फूटेंगे,
कालमृत्यु बन मनुज मानवों पर न जहाँ टूटेंगे।

लक्ष्य दूर है, औ' विकास धीमे-धीमे चलता है,
इस विशाल तरु में फल सदियों बिना नहीं फलता है।
अगम साधना की घाटी यह और मनुज दुर्बल है,
किन्तु, बुद्ध, गांधी, अशोक का साथ न कम सम्बल है।

अनेकान्त है सत्य, जिसे तुम खोज रहे भुजबल में,
उसी सत्य को ढूँढ़ रहे हम अपने अंतस्तल में।
जिस देवी के लिए तुम्हारे कर में जवा-कुसुम है,
अर्पित उसी शक्ति को भारत का अक्षत-कुंकुम है।

अक्षत, जवा, विजय जिसकी हो, जय है मानवता की,
जय है शान्ति, सुधा, मैत्री की, करुणा की, समता की।
शान्ति, सुधा, मैत्री, करुणा–ये पत्थर नहीं, पवन हैं,
देह नहीं जानती, उन्हें जानता मनुज का मन है।

जय हो लोहित भानु! मुक्त मानस का शुभ्र गगन है,
स्वागतार्थ अर्पित भारत का अक्षत है, चन्दन है।
जग में जो भी सखा शान्ति का, भारत का अपना है
साधन भिन्न भले, हम दोनों का अभिन्न सपना है।

यह सपना साकार बनेगा भय के प्रक्षालन से,
यह सपना साकार बनेगा पंचशील-पालन से।
स्वप्न सत्य होगा, प्रमाण है सह-अस्तित्व हमारा,
अर्पित जग के हेतु शान्ति-कामी व्यक्तित्व हमारा।

जय हो लोहित भानु! विश्व में यदि सर्वत्र अनल है,
तो ले जाओ, अभी यहाँ बाकी गंगा का जल है।
यह जल, यह पीयूष दाह जन-मन का हरनेवाला,
ज्वालामुखी कंठ में कोकिल का स्वर भरनेवाला।

छिड़को इसे फणी के फण पर, उठती ज्वालाओं पर,
ज्ञान-ग्रीव में पड़ी आणविक बम की मालाओं पर।
कभी इसी जल से मनुष्य के मन का दाह धुलेगा,
खुला नहीं जो असि से, फूलों से वह द्वार खुलेगा।

[नई दिल्ली, 16 नवम्बर, 1955 ई.]

वीर-वन्दना

[1]

वीर-वन्दना की वेला है, कहो, कहो, क्या गाऊँ?
आँसू पातक बने, नींव की ईंट अगर दिखलाऊँ।
बहुत कीमती हीरे-मोती 'रावी' लेकर भागी,
छोड़ गई जलियाँबाग की, लेकिन याद अभागी।

कई वर्ष उससे पहले, जब देश हुआ स्वाधीन,
लहू जवानों का पीती थी भारत में संगीन।

[2]

वीर-वन्दना की वेला है, कहो, कहो क्या गाऊँ?
भाँति-भाँति के चित्र टँगे हैं, किसको, कौन दिखाऊँ?
यह बहादुरों की लाशों से पटा हुआ है खेत,
यह प्रयाग की इन्द्राणी पर टूट रहे हैं बेंत।

कई वर्ष उससे पहले, जब देश हुआ स्वाधीन,
'भगतसिंह' फाँसी पर झूले, घुल-घुल मरे 'यतीन'।

[3]

वीर-वन्दना की वेला है, कहो, कहो, क्या गाऊँ?
पन्ने पर पन्ने अनेक हैं, पहले किसे उठाऊँ?
कौंध गई बिजली-सी भारत में 'प्रताप' की याद
इम्फल में बन गया किरिच बापू का आशीर्वाद।

कई वर्ष उससे पहले, जब देश हुआ स्वाधीन,
भूले हुए खड्ग से लिक्खा हमने पृष्ठ नवीन।

[4]

वीर वन्दना की वेला है, कहो, कहो, क्या गाऊँ?
अमर ज्योति वह कहाँ देश की जिसको शीश झुकाऊँ?

दिखा नहीं दर्पण पातक का, अरे गाँस मत मार,
अश्रु पोंछकर जीने को होने तो दे तैयार।

काल-शिखर से बोल रहा यह किस ऋषि का बलिदान?
कमल-पत्र पर लिखो, लिखो कवि! भारत का जयगान!

[1949 ई.]

पटना जेल की दीवार से

मृत्यु-भीत शत-लक्ष मानवों की करुणार्द्र पुकार!
ढह पड़ना था तुम्हें अरी! ओ पत्थर की दीवार!
निष्फल लौट रही थी जब मरने वालों की आह,
दे देनी थी तुम्हें अभागिनि, एक मनुज को राह।

एक मनुज, चालीस कोटि मनुजों का जो है प्यारा,
एक मनुज, भारत-रानी की आँखों का ध्रुवतारा।
एक मनुज, जिसके इंगित पर कोटि लोग चलते हैं,
आगे-पीछे नहीं देखते, खुशी-खुशी जलते हैं।

एक मनुज, जिसका शरीर ही बन्दी है पाशों में,
लेकिन, जो जी रहा मुक्त हो जनता की साँसों में।
जिसका ज्वलित विचार देश की छाती में बलता है,
और दीप्त आदर्श पवन में भी निश्चल जलता है।

कोटि प्राण जिस यशःकाय ऋषि की महिमा गाते हैं,
इतिहासों में स्वयं चरण के चिह्न बने जाते हैं।
वह मनुष्य, जो आज तुम्हारा बन्दी केवल तन से,
लेकिन, व्याप रहा है जो सारे भारत को मन से।

मुट्ठी भर हड्डियाँ निगलकर पापिनि, इतराती हो!
मुक्त, विराट पुरुष की माया समझ नहीं पाती हो!
तुम्हें ज्ञात, उर-उर में किसकी पीड़ा बोल रही है?
धर्म-शिखा किसकी प्रतीप्त गृह-गृह में डोल रही है?

किसके लिए असंख्य लोचनों से झरने हैं जारी?
किसके लिए दबी आहों से छिटक रही चिनगारी?
धुँधुआती भट्ठियाँ एक दिन फूटेंगी, फूटेंगी;
ये जड़, पत्थर की दीवारें टूटेंगी, टूटेंगी।

जंजीरों से बड़ा जगत में बना न कोई गहना,
जय हो उस बलपुंज सिंह की, जिसने इनको पहना।
आँखों पर पहरा बिठलाकर हँसें न किरिचोंवाले,
फटने ही वाले हैं युग के बादल काले-काले।

मिली न जिनको राह, वेग से विद्युत् बन आते हैं,
बहें नहीं जो अश्रु, वही अंगारे बन जाते हैं।
मानवेन्द्र राजेन्द्र हमारा अहंकार है, बल है,
तपःपूत आलोक, देश माता का खड्ग प्रबल है।

जिस दिन होगी खड़ी तान कर भृकुटि भारत-रानी,
खड्ग उगल देना होगा ओ पिशाचिनी दीवानी!
घड़ी मुक्ति की नहीं टलेगी कभी किसी के टाले,
शाप दे गए तुम्हें, किन्तु मिथिला के मरनेवाले[1]

[1945 ई.]

1. उत्तर बिहार में फैली हुई महामारी के समय पूज्य राजेन्द्र बाबू की रिहाई के लिए उठाए गए आन्दोलन की विफलता पर रचित।

अमृत-मंथन

जय हो, छोड़ो जलधि-मूल, ऊपर आओ अविनाशी!
पंथ जोहती खड़ी कूल पर वसुधा दीन, पियासी।
मन्दर थका, थके असुरासुर, थका रज्जु का नाग,
थका सिन्धु उत्ताल, शिथिल हो उगल रहा है झाग।
निकल चुकी वारुणी, असुर पी चुके मोहिनी हाला,
नीलकंठ शितिकंठ पी चुका कालकूट का प्याला।

मिले नियति के भाग सभी को, सबकी पूरी चाह।
जनमो, जनमो अमृत! देवता देख रहे हैं राह।

जन्मो पीड़ित, मथित उदधि के आकुल अन्तस्तल से,
जन्मो उद्वेलन-अशान्ति से, जन्मो कोलाहल से,
नर्तित गिरि के घूर्णिवेग, वासुकि के कर्षित फण से,
जन्मो सागर-शिला-नाग के भीषण संघर्षण से।
जन्मो जैसे जन्म ग्रहण करती मणि चक्षुश्रवा से,
जन्मो जैसे किरण जन्म लेती है सघन कुहा से।

शमित करो विष की प्रचण्डता, शमित करो यह दाह।
जन्मो, जन्मो अमृत! देवता देख रहे हैं राह।

[1946 ई.]

भारत का आगमन

कुछ आए शर-चाप उठाये राग प्रलय का गाते,
मानवता पर पड़े हुए पर्वत की धूल उड़ाते।
कुछ आए आसीन अनल से भरे हुए झोंकों पर,
गाँथे हुए मुकुट-मुंडों को बरछों की नोकों पर।
कुछ आए तोलते कदम को मणि-मुक्ता, सोने से,
कुछ आए बाँधते जगत का मन जादू-टोने से।

दानदक्ष अंजलि में सबके लिए लिये कल्याण,
सहज, धीर गति से आए, बस, एक तुम्हीं गुणवान।

तुम आए, जैसे आते सावन के मेघ गगन में,
तुम आए, जैसे आता हो संन्यासी मधुवन में।
तुम आए, जैसे आवे जल-ऊपर फूल कमल का,
तुम आए, भू पर आवे ज्यों सौरभ नभ-मंडल का।
निज से विरत, सकल मानवता के हित में अनुरत-से,
भारत! राजभवन में आओ, सचमुच, आज भरत-से।

हवन-पूत कर में सुदण्ड नव, जटाजूट पर ताज,
जगत् देखने को आएगा संन्यासी का राज।

[1948 ई.]

तन्तुकार

भू पर कटु रव कर्कश, अपार,
ऊपर अम्बर में धूम, क्षार।

श्रमियों का कर शोषण, विनाश,
चिमनियाँ छोड़तीं मलिन साँस।

श्रमशिथिल, विकल, परिलुब्ध, व्यस्त,
क्षयमाण मनुज निरुपाय, त्रस्त।

श्रम पिला पालता स्वार्थ-व्याल
जिसकी दंष्ट्राओं में कराल।

वह स्वयं नष्ट हो रहा। पीर
दंशन की जब करती अधीर,

वह छोड़ एक का दुखद संग
पालता अन्य विषधर भुजंग।

यों दुखी, लुब्ध, दयनीय, व्यग्र
है दौड़ रहा मानव समग्र।

छीना-झपटी शोषण, प्रहार
यन्त्राकुल संस्कृति के सिंगार।

इस कोलाहल के बीच एक
यह कौन शान्त जाग्रत-विवेक?

जिसकी पूनी का धाग-धाग
रच रहा नष्ट भू का सुहाग।

कर रहा स्पर्श सान्त्वना-युक्त
शापित धरणी को दाह-मुक्त!

इच्छा के सागर में अजान
नर ने छोड़ा निज वारियान।

निर्दिष्ट देश का ज्ञान नहीं,
ध्रुव की उसको पहचान नहीं।

सह रहा चतुर्दिक् बीचि-घात;
निज कुशल-पंथ उसको न ज्ञात।

तट पर से कोई तन्तुकार
कर रहा स्निग्ध मंगल-पुकार–

इस तृष्णोदधि का नहीं तीर,
रे लौट, लौट, मानव अधीर!

फल, फूल, अन्न-धन, स्वच्छ पवन,
निष्कलुष, शान्त, सुस्थिर जीवन,

तेरे निजत्व का कोष यहाँ,
सुखमय, अमोघ सन्तोष यहाँ।

मत प्रकृति-अंग पर कर प्रहार,
वह शत्रु नहीं, जननी उदार।

हो पतित, क्षुद्र या महीयान,
है स्वत्व यहाँ सब का समान।

सम-भाग मिलेगा अनायास,
तब क्यों कोलाहल ह्रास-त्रास?

तू जिसे खोजता थका हार,
मुड़ देख, शान्ति वह इसी पार।

इस तृष्णोदधि का नहीं तीर!
रे लौट, लौट, मानव अधीर!

[मार्च, 1939 ई.]

निर्वासित

बार-बार लिपटा चरणों से, बार-बार नीचे आया;
चूक न अपनी ज्ञात हमें, है दण्ड कि निर्वासन पाया।

[1]

तरी झाँझरी साथ मिली,
चल पड़ा कहीं तिरता-तिरता,
लहर-लहर पर सघन अमा में
ज्योति खोजता मैं फिरता।

विन्दु सिन्धु के हेतु व्यग्र, आधार खोजती है छाया।
चूक न अपनी ज्ञात हमें, है दण्ड कि निर्वासन पाया।

[2]

बाँध रखूँ आलिंगन में कस,
ऐसी यहाँ बयार नहीं;
कबरी की भी कली
साथ चलने को है तैयार नहीं।

पश्चात्ताप यही कि विश्व में खोया वहीं, जहाँ पाया,
चूक न अपनी ज्ञात हमें, है दण्ड कि निर्वासन पाया।

[मीरगंज, 1935 ई.]

इस्तीफा

लगा शाप, यह वाण गया झुक, शिथिल हुई धनु की डोरी,
अंगों में छा रही, न जाने, तंद्रा क्यों थोड़ी-थोड़ी!

विनय मान मुझको जाने दो,
शेष गीत छिप कर गाने दो,
मुझसे तो न सहा जाएगा अब असीम यह कोलाहल,
जी न सकूँगा पंक झेल, अब पी न सकूँगा ग्लानि-गरल।

मन तक पहुँच न पाते हैं जो,
मिट्टी देख घिनाते हैं जो,

इनके बीच रहूँ, पाऊँ वह छद्म-जड़ित परिधान कहाँ?
बीन सुनाऊँ किसे? छिपाऊँ यह अपना अभिमान कहाँ?

मुझे तुम्हारा वेश न भूला,
अनल-भरा आदेश न भूला,
जहाँ रहा, दिन-रात फूँकता रहा शंख पूरे बल से,
झरते रहे सदा आशीष के फूल तुम्हारे अंचल से।

तिमिरमयी धरती थी सारी,
छिपी खोह में थी उजियारी,
तब भी, आशीर्वाद तुम्हारा आग-सरीखा बलता था,
इसी बाँसुरी के छिद्रों से रह-रह लपट उगलता था।

तब भी मिली नहीं जयमाला,
मिला कराल जहर का प्याला,
दुनिया कहकर चली गई, क्यों ध्वजा गिरी तेरे कर से;
पूछा नहीं, अनल यह कैसा फूट रहा तेरे स्वर से।

रजत-शंख का दान मिला था,
मुझे वह्नि का गान मिला था,
गिरि-शृंगों पर अभय आज भी शंख फूँकता चलता हूँ,
बुझा कहाँ? मैं मध्य सूर्य के आलिंगन में जलता हूँ।

लेकिन विश्व कहे सो मानूँ,
इसी तरह निज को पहचानूँ

अच्छा, लो यह कवच, उतरता हूँ विराट, लोहित रथ से।
घर की पगडंडी धरता हूँ अभी उतर ज्वाला-पथ से।

आग समर्पित है यह, ले लो,
दान करो अथवा खुद खेलो।
प्यारी वह्नि! विदा, जाता हूँ, हृदय यहाँ अकुलाता है,
विधु-मण्डल से कुमुद फेंककर कोई मुझे बुलाता है।

कोई शंख बजाएगा ही,
तप्त ऊर्मि उपजाएगा ही,
स्वामिनि! मेरी चाह, निनादित सदा तुम्हारा द्वार रहे,
मैं न रहूँ, न रहूँ, पर गुंजित केहरि का हुंकार रहे।

सेवा की बख्शीश मुझे दो,
केवल यह आशीष मुझे दो,
कभी तुम्हारे लिए कौमुदी-गृह का मैं निर्माण करूँ,
कवि-सा तो जी सका नहीं, आशीष दो, कवि की मौत मरूँ।

[पटना, 20-8-1946 ई.]

अगोचर का आमंत्रण

आदि प्रेम की मैं ज्वाला,
उतरी गाती यों प्रात-किरण,
जो प्रेमी हो, आगे बढ़,
मुझ अनल-विशिख का करे वरण।

कहती गन्ध, साँस से जिसकी,
सुरभित हैं अग-जग, त्रिभुवन,
वृन्तहीन उस आदि पुष्प का,
मैं आई बन आमंत्रण।

छायातरु कहते कि प्रेम की
हम आशा कहलाते हैं,
थके प्रेमियों पर हिल-डुल हम
शीतलता बरसाते हैं।

चलना ही चलना केवल क्या,
सुन लो कुछ जब-तब रुक कर।
निर्झरिणी कहती कि देख लो,
अपने को मुझमें झुककर।

हम सवाक् आनन्द प्रेम के,
और अधिक हम क्या बोलें?
गीत-विहग कहते कि भेद,
इससे आगे कैसे खोलें?

[1949 ई.]

जमीन दो, जमीन दो

सुरम्य शान्ति के लिए, जमीन दो, जमीन दो,
महान् क्रान्ति के लिए, जमीन दो, जमीन दो।

[1]

जमीन दो कि देश का अभाव दूर हो सके,
जमीन दो कि द्वेष का प्रभाव दूर हो सके,
जमीन दो कि भूमिहीन लोग काम पा सकें,
उठा कुदाल बाजुओं का जोर आजमा सकें।

महा विकास के लिए, जमीन दो, जमीन दो,
नये प्रकाश के लिए, जमीन दो, जमीन दो।

[2]

जमीन दो, समाज से कड़ी पुकार आ रही,
जमीन दो कि एक माँग बार-बार आ रही।
जमीन मातृ-रूपिणी पुनीत है, पवित्र है,
जमीन, वारि, वायु का समान ही चरित्र है।

पुनीत कर्म के लिए, जमीन दो, जमीन दो,
नवीन धर्म के लिए, जमीन दो, जमीन दो।

[3]

जमीन चाहिए समाज के समत्व के लिए,
स्वराज्य के लिए, स्वदेश के महत्त्व के लिए।
मनुष्यता के मान के लिए जमीन चाहिए,
बहुत दुखी किसान के लिए जमीन चाहिए।

विपन्न, निःस्व के लिए जमीन दो, जमीन दो,
क्षुधार्त्त विश्व के लिए जमीन दो, जमीन दो।

[4]

जमीन दो कि शान्ति से नया समाज ला सकें,
जमीन दो कि राह विश्व को नई दिखा सकें,
जमीन दो कि प्रेम से समत्व-सिद्धि पा सकें,
जमीन दो कि दान से कृपण को लजा सकें।

सुरम्य शान्ति के लिए, जमीन दो, जमीन दो।
महान क्रान्ति के लिए, जमीन दो, जमीन दो।

[पटना, 1953 ई.]

हे राम!

लो अपना यह न्यास देवता! बाँह गहो गुण-धाम!
भक्त और क्या करे सिवा, लेने के पावन नाम?

स्वागत नियति-नियत क्षण मेरे! बजा विजय की भेरी;
मुक्तिदूत! जाने कब से थी मुझे प्रतीक्षा तेरी।

और कौन तुम तृषित? अरे, चुल्लू भर शोणित को ही,
तुम आए ले शस्त्र, व्यर्थ बनकर समाज के द्रोही?

मेरा शोणित शमित सके कर अगर किसी का ताप,
घर बैठे पहुँचा आऊँ मैं उसे न क्यों चुपचाप?

क्षमा करो देवाधिदेव! अपराधी किसका, कौन?
इच्छा राम! प्रधान तुम्हारी; दोष हमारे गौण।

बिदा, युद्ध जर्जर वसुधे! किस तरह करूँ परितोष?
भेजें राम मुझे लेकर फिर कभी अमृत का कोष।

फूँक जगत् के कर्णकुहर में देव! तुम्हारा नाम,
क्षमा करो देवाधिदेव, आया, आया हे राम![1]

[1949 ई.]

1. बापू के मुख से निकले हुए अन्तिम शब्द।

भाइयो और बहनो!

लो शोणित, कुछ नहीं अगर
यह आँसू और पसीना,
सपने ही जब धधक उठें,
तब क्या धरती पर जीना?

सुखी रहो, दे सका नहीं मैं
जो कुछ रो-समझा कर,
मिले कभी वह तुम्हें भाइयो-
बहनो! मुझे गँवा कर।

[1949 ई.]

बापू

जो कुछ था देय, दिया तुमने, सब लेकर भी,
हम हाथ पसारे हुए खड़े हैं आशा में,
लेकिन, छींटों के आगे जीभ नहीं खुलती,
बेबसी बोलती है आँसू की भाषा में।

वसुधा को सागर से निकाल बाहर लाए,
किरणों का बन्धन काट उन्हें उन्मुक्त किया;
आँसुओं, पसीनों से न आग जब बुझ पाई,
बापू! तुमने आखिर को अपना रक्त दिया।

[1949 ई.]

वलि की खेती

ओ अनिल-स्कन्ध पर चढ़े हुए प्रच्छन्न अनल!
हुतप्राण वीर की ओ ज्वलन्त छाया अशेष!
यह नहीं तुम्हारी अभिलाषाओं की मंजिल,
यह नहीं तुम्हारे सपनों से उत्पन्न देश।

काया-प्रकल्प के बीज मृत्ति में रहे ऊँघ,
हैं ऊँघ रहे आदर्श तुम्हारे महाप्राण।
वलिसिक्त भूमि में जिन्हें गिराया था मैंने,
जाने, मेरे भी ऊँघ रहे वे कहाँ गान?

यह सुरभि नहीं, मधु स्वप्न तुम्हारे जलते हैं?
यह चमक? तुम्हारे अरमानों में लगी आग।
श्री नहीं, छद्मिनी कोई वेश बदल आई,
मल खूब तुम्हारी इच्छा का मुख पर पराग।

जादू की यह चाँदनी, धूप की चमक-दमक,
ये फूल और ये दीप, सभी छिप जाएँगे;
वलि की खेती पर पड़ी पपड़ियों को उछाल,
अपने जब सूरज और चाँद उग आएँगे।

अंजलि भर जल से भी उगते दूर्वा के दल,
वसुधा न मूल्य के बिना कभी कुछ लेती है।
औ' शोणित से सींचते अंग हम जब उसका,
बदले में सूरज-चाँद हमें वह देती है।

[1949 ई.]

मृत्ति-तिलक

सब लाए कनकाभ चूर्ण,
विद्याधन हम क्या लाएँ?
झुका शीश नरवीर! कि हम
मिट्टी का तिलक चढ़ाएँ।

भरत-भूमि की मृत्ति सिक्त,
मानस के सुधा-क्षरण से।
भरत-भूमि की मृत्ति दीप्त,
नरता के तपश्चरण से।

गंधवती, शुचि रसा कुक्षि से,
मलय उगानेवाली।
कामधेनु - कल्पद्रुम - सी यह,
वरदायिनी निराली।

पारिजात से भी सुरभित,
यह अरुण कहीं कुंकुम से।
यह मिट्टी अनमोल कनक से,
मणि - मुक्ता - विद्रुम से।

भूप कहाकर भी न भूमि का,
प्रेम सभी पाते हैं।
मुकुटवान् इसकी चुटकी भर,
रज को ललचाते हैं।

जनता के हाथों चढ़ता है,
जिसे ज्योति का टीका।
उसी भाग्यशाली को मिलता,
आशीर्वाद मही का।

तन के त्रासक को, न मृत्ति के
उर-पुर के जेता को।
मिट्टी का हम तिलक चढ़ाते,
स्पृहामुक्त नेता को।

जय उनकी, जो नर निरीह,
घूसर जन के नायक हैं।
हम विद्याधन विप्र मृत्ति
की महिमा के गायक हैं।

[1949 ई.]

एक भारतीय आत्मा के प्रति

[कवि की साठवीं वर्षगाँठ पर]

रेशम के डोरे नहीं, तूल के तार नहीं,
तुमने तो सब कुछ बुना साँस के धागों से;
बेंतों की रेखाएँ रंगों में बोल उठीं,
गुलबदन किरण फूटी कड़ियों के रागों से।

चीखें जब बनतीं टेक, अन्तराएँ आहें,
मन की कचोट जब पिघल गीत में घुलती है;
दुनिया सुनती चुपचाप आप अपने भीतर,
आँखें भींगें, लेकिन, जबान कब खुलती है?

ये खूब कुहासे लाल-लाल झीने-झीने,
यह खूब घटा रंगीन सँवरकर छाई है।
दुलहन कोई है छिपी? या कि मंजूषा में
धरती की पहली उषा सिमट कर आई है?

तुम साठ साल के हुए, साठ ही और लगें;
पर, यह दुलहन क्या कभी मलिन हो पाएगी?
हर भोर कली पर नई-नई शबनम होगी,
हर रोज वेदना रंगों-बीच नहाएगी।

है कौन सत्य? पत्ते जिसके झरते रहते?
या वह जिसमें नित नूतन पत्र निकलते हैं?
दो रूप, एक से नाश हमें अनुगत करता,
दूसरा, मृत्यु पर हमीं पाँव दे चलते हैं।

[1950 ई.]

स्वर्ण-घन

उठो, क्षितिज-तट छोड़ गगन में कनक-वरण घन हे!
बरसो, बरसो, भरें रंग से निखिल प्राण-मन हे!

भींगे भुवन सुधा-वर्षण में,
उगे इन्द्र-धनुषीं मन-मन में,
भूले क्षण-भर व्यथा समर-जर्जर विषण्ण जन हे!
उठो, क्षितिज-तट छोड़ गगन में कनक-वरण घन हे!

गरजे गुरु-गम्भीर घनाली,
प्रमुदित उड़ें मराल-मराली,

खुलें जगत् के जड़ित-अन्ध रस के वातायन हे!
उठो, क्षितिज-तट छोड़ गगन में कनक-वरण घन हे!

बरसे रिम-झिम रंग गगन से,
भींगे स्वप्न निकल मन-मन से,
करे कल्पना की तरंग पर मानव नर्तन हे!
उठो, क्षितिज-तट छोड़ गगन में कनक-वरण घन हे!

जय हो. रंजित धनुष बढ़ाओ,
भू को नभ के साथ मिलाओ,
भरो, भरो, भू की श्रुति में निज अनुरंजन स्वन हे!
उठो, क्षितिज-तट छोड़ गगन में कनक वरण-घन हे!

[1951 ई.]

संजीवन-घन दो

जो त्रिकाल-कूजित संगम है, वह जीवन-क्षण दो,
मन-मन मिलते जहाँ देवता! वह विशाल मन दो।

माँग रहा जनमन कुम्हलाया,
बोधिवृक्ष की शीतल छाया,
सिरजो सुधा, तृषित वसुधा को संजीवन-घन दो।
मन-मन मिलते जहाँ देवता! वह विशाल मन दो।

तप कर शील मनुज का साधें,
सबके प्राण कुसुम से बाँधे,

सत्य-हेतु निष्ठा अशोक की, गौतम का प्रण दो।
मन-मन मिलते जहाँ देवता! वह विशाल मन दो।

देख सकें सबमें अपने को,
महामनुजता के सपने को,
हे प्राचीन! नवीन मनुज को वह सुविलोचन दो।
मन-मन मिलते जहाँ देवता! वह विशाल मन दो।

खँडहर की अस्तमित विभाओ,
जगो, देवियो! दरस दिखाओ,
पीड़ित जग के लिए ज्ञान का शीतल अंजन दो।
मन-मन मिलते जहाँ देवता! वह विशाल मन दो।

[1951 ई.]

मेरी बिदाई

[1]

सुन्दर, सुखद, सूर्य से सेवित मेरे प्यारे देश बिदा!
प्राच्य सिन्धु के मुक्ता! तेरे आगे तुच्छ विपिन नन्दन।
यह मैं चला खुशी में भर कर तुझ पर न्योछावर करने
आशाओं से रहित, भाग्य से हीन, व्यग्र, व्याकुल जीवन

आह! कहीं होता यह जीवन और अधिक उज्ज्वल, मधु
तुझ पर इसे चढ़ा देता मैं मोहमुक्त तब भी निश्चय।

[2]

रोधों में जूझते, युद्ध करते प्रचण्ड उन्मादों में
किस उमंग से वीर तुम्हारे पद पर प्राण चढ़ाते हैं!
युद्धभूमि हो या फाँसी हो, विजय-हार हो या मरघट,
ये दृश्यों के भेद वीर-मन में न भेद उपजाते हैं।

खुले युद्ध में लड़ो कि तप में छोड़ो तड़प-तड़प कर
देश अगर माँगे तो सारी कुर्बानी है एक समान।

[3]

मैं तो मरने चला, किन्तु यह निर्मल शुभ्र गगन देखो,
बीत चुकी तममयी निशा, ऊषा उगने ही वाली है।
नये प्रात का मुख रँगने को तुम्हें चाहिए रंग अगर,
तो अर्पित उस हेतु तप्त मेरे शोणित की लाली है।

ठीक समय पर इसे छिड़कना नभ के कोने-कोने में,
रँग लेना, कम-से-कम, नूतन एक किरण इस सोने में।

[4]

जब मैं था बालक या जब कुछ बढ़कर और किशोर हुआ,
याकि आज जब आग जवानी पर है डाल रही घेरा,

ओ हीरक पूर्वी समुद्र के! ओ प्राची नभ के नक्षत्र!
रहा एक ही सपने पर ललचाता सदा हृदय मेरा।

आशापूर्ण नयन चमकेंगे, यह दुःशोक विगत होगा,
आज न तो कल कभी तुम्हारा झुका भाल उन्नत होगा।

[5]

मन की तृषा! ध्यान प्राणों के! ओ जीवन के सम्मोहन!
अन्तिम यात्रा पर चलने से पहले मेरा भरा हृदय
जय पुकारता है तेरी; मैं मरूँ कि तेरी आयु बढ़े,
धन्य भाग! मेरे विनाश पर खिले विश्व में तेरी जय।

यह सुयोग दुर्लभ तेरे नभ के नीचे बलि होने का,
तेरी मनमोहिनी गोद में चिर-निद्रा में सोने का।

[6]

कभी अगर मेरी समाधि पर उगनेवाले झाड़ों में
मिले चटकता फूल तुझे कोई अदना-सा, साधारण;
तो दुलार लेना उसको, क्षण भर, निज अधरों से छूकर,
उसे चूमने में होगा मेरी ही आत्मा का चुंबन।

शीत शिला के नीचे मैं महसूस करूँगा निज मुख पर
तेरी मृदुल स्पर्श, साँसों से उठनेवाली उष्ण लहर।

[7]

कहो चाँद से, जगा रहे वह शीतल, शान्त, सुखद होकर,
कहो उषा से, उड़नेवाली किरणों को आजाद करे।
कहो वायु से, शोक मनाए अतिशय शोकाकुल होकर,
मन्द-मन्द रोए, धीमे-धीमे अपनी फरियाद करे।

और क्रूस पर बैठे यदि उड्डीन विहग कोई आकर,
कहो, बिताए समय यहाँ का कोई शान्ति-गीत गाकर।

[8]

कहो, सूर्य के प्रखर ताप में जलवृष्टियाँ बिखर जाएँ
और लगें लौटने व्योम को जब वे पुनः शुद्ध होकर,
लेती जाएँ ऊर्ध्व लोक तक मेरी साध, ध्येय मेरा।
करने दो, मेरा विलाप यदि करे मित्र कोई रोकर।

और करे प्रार्थना शाम को कोई यदि मेरा ले नाम,
तो यह भी वह कहे कि हरि में मैंने पाया है विश्राम।

[9]

करो प्रार्थना उनके हित जो टूट गिरे लड़ते-लड़ते,
या जो वीर आज भी डटकर झेल रहे छाती पर वार।
विधवाओं, अनाथ बच्चों के हित जिनका कोई न कहीं,
उन माताओं के निमित्त जो घर-घर रोती हैं बेजार।

करो प्रार्थनाएँ उनके हित जो नर कारागारों में
काट रहे जिन्दगी विवश हो नीरव हाहाकारों में।

[10]

काली निशा के अन्धकार में कभी कब्र यदि छिप जाए,
और रात भर जाग तिमिर में मुरदे देते हों पहरा,
भंग न करना निबिड़ शान्ति को, नीरवता को मत छूना,
रहने देना उस रहस्य को अनजाना, गोपन, गहरा।

सुनो अगर कोई धुन तो समझो, मैं बीन बजाता हूँ,
मेरे प्यारे देश! तुम्हें प्राणों के गीत सुनाता हूँ।

[11]

और एक दिन जब समाधि की सब निशानियाँ मिट जाएँ,
कभी यहाँ थी कब्र, नहीं कोई कह सके किसी कल से,

मत रोकना अगर कोई फावड़ा चला मिट्टी खोदे,
या जोते गर जमीं यहाँ की हलवाहा अपने हल से।

मेरी धूल कब्र से उठ हरियाली बन उग आएगी,
तेरे पाँव तले बन कर कालीन नर्म बिछ जाएगी।

[12]

तब विस्मृति की भला भीति क्या? यह चिरायु आत्मा मेरी,
तेरे नभ, तलहटी, पवन से होकर आए-जाएगी।
और सुदृढ़, झंकारशील रागिनियों का समुदाय बनकर,
गीत-प्रवण तेरी सुरम्य श्रुतियों में जा सो जाएगी।

गन्ध, रंग, आलोक, गीतियाँ, आहें, मन्द-मधुर-गुनगुन
सभी करेंगे एक साथ मेरी श्रद्धा का अभिव्यंजन।

[13]

पूज्य भूमि! ओ पीड़ाओं में सबसे प्रथम पीर मेरी!
प्यारे फिलीपिना! सुन लो जानेवाले का बिदा-वचन;
जो था मेरे पास, सभी कुछ तुम्हें दिये मैं जाता हूँ,
सखा, बन्धु, परिवार, प्रेम, आशा, उमंग, जीवन, तन, मन।

चला जहाँ मैं, वहाँ न होते दास, वधिक, अत्याचारी,
धर्म नहीं अपराध; वहाँ हरि के कर में सत्ता सारी।

[14]

बिदा जनक-जननी! प्रणाम, बन्धुओ! अंश मेरे उर के!
मित्र और क्रीडासंगी शैशव के! हो सब रोज भला।
सब मिलकर दो धन्यवाद, कोलाहल-भरे हुए दिन से
किसी तरह, मैं छट, अन्त में, करने को विश्राम चला।

बिदा मधुर मेरे परदेसी! मेरे प्रिय! मेरे अभिराम!
बिदा सभी प्रिय बन्धु-बान्धवो! मृत्यु नहीं कुछ और, विराम।

[मूल स्पैनिश के कवि : डॉक्टर जोज रिज्जल; फिलीपिन। अंग्रेजी अनुवाद : निक तोआकिन]

[नई दिल्ली, 12 अगस्त, 1959 ई.]

सर्ग-संदेश

देशों में यदि सर्वोच्च देश बनना चाहो,
पहले, सबसे बढ़ कर, भारत को प्यार करो।

है चकित विश्व यह देख,
धर्म के प्रतनु, प्रांशु पथ पर चल कर
नय-विनय-समन्वित शूर
लिये सबके हित कर में सुधा-सार,
जानें, कैसे हम पहुँच गए उस ठौर, जहाँ
है खड़ा जयश्री का दीपित गोपुरद्वार!

गोपुरद्वार केवल;
कमला-मन्दिर में यहीं प्रवेश नहीं।
सिद्धियाँ अभी अविजित अनन्त,
संघर्ष यहीं तक शेष नहीं।
वह देखो, सम्मुख बिछी हुई रण-मही
दीनता से पंकिल, अतिशय प्रचंड,
चाहिए देश को तपन अभी जाज्वल्यमान,
चाहिए देश को अभी रश्मि खरतर अखंड।
जब तक यह रण है शेष,
शिंजिनी-उन्मोचन का नाम कहाँ?
जब तक यह रण है शेष,
धनुर्धर वीरों को विश्राम कहाँ?

यह विजय विजय है तभी,
देश भर के जन-जन के मनःप्राण
भारत के प्रति हों भक्तिपूर्ण;
प्रत्येक देश-प्रेमी अपना
सर्वस्व देश-पद पर धर दे;
जिसमें जो भी हो तेज,
आज वह उसको न्योछावर कर दे।

निर्भीक साधना करो,
अभय ही बोलो, बोलो कलाकार!
वाणीविहीन शत-लक्ष मानवों को देखो,

इनका सुभोग्य स्वातन्त्र्य समाहित कब होगा?
कब तक पहुँचेगी ज्योति?
तमिस्त्रा-ग्रसित, मूक
मानवता का कब तक स्वराज्य सम्भव होगा?

तुम हिचक रहे?
आ पड़ा कहाँ से चरणों में यह द्विधा-पाश?
स्वाधीन जाति के तुम कल्पक!
तुम प्रभापूर्ण दर्पण मनुष्यता के मन के,
तुम शुद्ध, बुद्ध, चेतना,
कंठ जन का अजेय,
तुम मानवता के स्वर अरुद्ध,
तुम नहीं क्रेय-विक्रेय वह्नि,
दुर्दम, उदग्र, पौरुष के अपराजेय गर्व,
तुम चिर-विमुक्त, तुम नहीं दस्यु, तुम नहीं दास।

तुम मौन हुए तो मूक मनुज की व्यथा कौन फिर बोलेगा?
निष्पेषित नरता की पुकार का भेद कौन फिर खोलेगा?
मर्दित हृदयों में दबे हुए नीरव जो क्रन्दन चलते हैं,
बाहर आने के लिए विकल भीतर जो भाव मचलते हैं।
ओ कलाकार! निर्भीक कंठ से उन्हें रूप दो, वाणी दो।
प्रच्छन्न व्यथा को प्रकट करो, उत्तप्त गिरा कल्याणी दो।
प्रतिक्रिया और प्रतिलोम शक्तियों को कर, शतशः, खंड-खंड,
रोपो, हे रोपो, कलावंत! दृढ़ता से धर्मध्वज अखंड।

ओ सावधान कृषको!
जितनी हो चुकी हमें संप्राप्त सिद्धि,
उसकी रक्षा के बिना कहाँ
सम्भव आने वाली समृद्धि?
अपनी स्वतन्त्रता की विटपी
सद्यःस्फुट दो पत्तोंवाली,
भारत के कृषको! सावधान!
करनी है इसकी रखवाली।

सींचो, सींचो स्वातन्त्र्य-मूल, इस नई पौध को पानी दो,
सम्पूर्ण देश के जीवन को अपना जीवन-रस दानी! दो,
यदि चूक हुई, तो खाद कुटिल कृमियों के दल खा जाएँगे,
इस नई पौध को घेर पड़ोसी तृण पीड़ा पहुँचाएँगे।
इसलिए, सतत रह जागरूक देते जाओ अपना श्रमकण,
इस पौधे का करते जाओ वर्धन-विकास, रक्षण-पालन।
दुष्काल दूर होगा ज्यों-ज्यों, यह सुधा-वृक्ष उन्नत होगा,
कुसुमित हो गंधागार, फलित होकर सबके हित नत होगा।
सिद्धियाँ तुम्हारी लुप्त और ऋद्धियाँ नष्ट, यद्यपि, किसान!
तब भी जो कुछ है किये हुए तुमको इतना उन्नत, महान,
अतिशय अमोघ वह गुण अपना भारत के चरणों पर धर दो,
सबके भाग्योदय के निमित्त अपने को न्योछावर कर दो।

ओ जगज्जयी तुम शास्त्रकार!
ओ वैज्ञानिक!

संघर्ष प्रकृति की लीला से करनेवाले!
विज्ञान-शिखा कर दीप्त,
भूमि का अन्धकार हरनेवाले!
यदि तुम्हें ज्ञात हो गई मनुज की सहज वृत्ति,
यदि जाग गया तुममें मंगल का सहज बोध,
यदि जाग गई तुममें शुभ सर्गात्मक प्रवृत्ति,
तो इससे बढ़ सौभाग्य दूसरा क्या होगा?
नीचे भू नव, ऊपर आकाश नया होगा।

विधि के प्रपंच को खोदो, मिट्टी के भीतर,
पृथ्वी के उस नूतन स्तर का संधान करो,
जिससे होता उत्पन्न स्वर्ण,
जिस मिट्टी से फूटता विभव का सहज स्रोत,
इच्छाओं की घाटियाँ सभी पट जाती हैं।
वह चमत्कार जिसको पाकर

मानव के श्रम की पीड़ाएँ घट जाती हैं।
है भँवर-जाल में जगत्,
किसी विध इस सागर को पार करो।
संधानो कोई तीर, कर्ममय भूतल का
हे मेधावी! निज प्रतिभा से उद्धार करो।

ओ वन्दनीय शिक्षको! समाश्रय एकमात्र,
उन दीपों के जिनको आज ही सँवरना है,

आज ही दीप्ति संचित कर प्राणों के भीतर,
जिनको भविष्य का भवन ज्योति से भरना है।

ओ भाविराष्ट्र-हय की वल्गा धरनेवालो!
कल्पना-बीज हो जहाँ, वहाँ पर जल देना।
प्रतिभा के अंकुर जहाँ कहीं भी दीख पड़ें,
अपनी प्रतिभा का वहाँ मुक्त सम्बल देना।

सब की श्रुतियों में भारत का संदेश भरो,
सब को भारत की संस्कृति पर अनुरक्त करो।

दावाग्नि-ग्रस्त वन के समान
है जगत् दुःख से दह्यमान,
शीतल मधु की निर्झरी यहीं से फूटेगी।

बैठेगा विषफण तोड़ व्याल,
निर्वापित होगा जगज्ज्वाल,
भारत की करुणा धार बाँध कर छूटेगी।

छोड़ो शंका, भय, भ्रान्ति, मोह,
छोड़ो, छोड़ो, हीनता, द्रोह,
लो, शुभ्र शान्ति का शरच्चंद्र वह आता है।

देखो समक्ष वह जीवन-घन
शीतल छाया, फूलों का वन,
सामने शुभ्र, सुखमय भविष्य मुसकाता है।

[मूल मलयालम के कवि : श्री वेणिकुलम गोपाल कुरुप]

[24 जनवरी, 1958 ई.]

बरगद

निश्चिन्त चारुजल ताल-तीर
है खड़ा एक बरगद गम्भीर,

पत्ते-पत्ते में सघन, श्यामद्युति हरियाली।

डोलता दिवस भर छवि बिखेर,
जब निश आती, झूमता पेड़,

गुंजित विहंग-कलकूजन से डाली-डाली।

भीतर-भीतर मृत्तिका फोड़
वट फैल गया है सभी ओर
पाताल-लोक तक अपनी राह बनाकर।
कर अधः-ऊर्ध्व सम्यक् प्रसार
है तोल रहा तरु महाकार
फुनगी-तरंग पर सारा व्योम उठा कर।

वल्लियों-बरोहों ने मिल कर
रच दिया स्निग्ध, शीतल, सुन्दर
ममता का घन छाया-वितान निर्जन में।
आकर्षपूर्ण इंगित छवि का,
कवि आए, आ पहुँची कविता,
बँध गए यहाँ दोनों परिणय-बंधन में।

बचते अदृश्य शत वाद्य-यन्त्र,
गूँजता मन्द, मृदु मोह-मन्त्र।
डोलता मुग्धमन वक्रश्रृंग मृग मद में।
आता भुजंग होकर विभोर,
आनन्द-मग्न मणिकंठ मोर
नाचते ठुमक इस शीतल छाँह सुखद में।

ऊपर से आती गंग-धार—
को शिव ने निज कुंतल पसार
था डाल दिया नीचे भू के प्रांगण में।

पर, वट ने निज आदर्श पाल,
धरती की गंगा को उछाल
है चढ़ा रखा ऊपर हिमलोक, गगन में।

उमड़ेगा महाप्रलय का जल,
डूबेगी जब यह सृष्टि सकल,
ऊपर-नीचे जल ही जल दीख पड़ेगा।

तब भी अमग्न यह वट अक्षय,
योगीन्द्र-सदृश निष्कंप, अभय
हो खड़ा प्रलय-वर्षण में स्नान करेगा।

[मूल गुजराती के कवि : श्री बालकृष्ण दबे]

राजकुमारी और बाँसुरी

राजमहल के वातायन पर बैठी राजकुमारी,
कोई विह्वल बजा रहा था नीचे बंसी प्यारी।
'बस, बस, रुको, इसे सुनकर मन भारी हो जाता है,
अभी दूर अज्ञात दिशा की ओर न उड़ पाता है।

अभी कि जब धीरे-धीरे है डूब रहा दिनमान।'

राजमहल के वातायन पर बैठी राजकुमारी,
नहीं बजाता था अब कोई विह्वल बंसी प्यारी।

'आह! बजाओ बंसी, रँग दो सुर से मेरे मन को,
अभी स्वप्न रंगीन लगेंगे उड़ने दूर विजन को।

अभी कि जब धीरे-धीरे है डूब रहा दिनमान।'

राजमहल के वातायन पर बैठी राजकुमारी,
कोई विह्वल बजा रहा था करुण बाँसुरी प्यारी।
गोधूलि आ गई, रूपसी फूट पड़ी क्रन्दन में,
'अभी कौन यह चाह देव! आ गई कहाँ से मन में?

अभी कि जब धीरे-धीरे है डूब रहा दिनमान।'

[मूल नार्वेजियन के कवि : जार्नसन]

प्लेग

सब देते गालियाँ, बताते औरत बला बुरी है,
मर्दों की है प्लेग भयानक, विष में बुझी छुरी है।
और कहा करते, 'फितूर, झगड़ा, फसाद, खूँरेजी,
दुनिया पर सारी मुसीबतें, इसी प्लेग ने भेजीं।'
मैं कहती हूँ, अगर किया करतीं ये तुम्हें तबाह,
दौड़-दौड़कर इन प्लेगों से क्यों करते हो ब्याह?

और हिफाजत से रखते हो इन्हें बन्द क्यों घर में?
जरा कहीं निकलीं कि दर्द होने लगता क्यों सर में?
तुम्हें चाहिए खुश होना यह जान, प्लेग बाहर है,
दो घंटे ही सही, मुसीबत से तो फारिग घर है।

पर, उलटे, उठने लगता तुममें अजीब उद्वेग,
हमें अकेले छोड़ किधर को गई हमारी प्लेग?

और गजब, खिड़की से कोई प्लेग कहीं यदि झाँके,
उठ जातीं क्यों एक साथ बीसों ललचाई आँखें?
अगर प्लेग छिप गई, खड़े रहते सब आँख बिछाए,
कब चिलमन कुछ हटे, प्लेग फिर कब झाँकी दिखलाए
प्लेग, प्लेग कह हमें चिढ़ाओ, सको नहीं रह दूर,
घर में प्लेग बसाने का यह खूब रहा दस्तूर!

[मूल यूनानी के कवि : एरिस्टोफेंस]

गोपाल का चुम्बन

छिः, छिः, लज्जा-शरम नाम को भी न गई रह हाय,
औचक चूम लिया मुख, जब मैं दूह रही थी गाय।

लोट गई धरती पर अबकी गुलर फूल की डार,
अबकी शील सँभाल नहीं सकता यौवन का भार।
दोनों हाथ फँसे थे मेरे, क्या करती मैं हाय!
औचक चूम लिया मुख, जब मैं दूह रही थी गाय।

पीछे आकर खड़ा हुआ, मैंने न दिया कुछ ध्यान,
लगी साँस श्रुति पर, सहसा झनझना उठे मन-प्राण।

किन हाथों से उसे रोकती, मैं तो थी निरुपाय!
औचक चूम लिया मुख, जब मैं दूह रही थी गाय।

कर थे कर्म-निरत, केवल मन ही था कहीं विभोर,
मैं क्या थी जानती, छिपा है यहीं कहीं चित्तचोर!
मैंने था कब कहा उसे छूने को अपना काय?
औचक चूम गया मुख, मैं तो दूह रही थी गाय।

[मूल अंग्रेजी के कवि : टेनिसन; बांग्ला : सत्येन्द्रनाथ दत्त]

विपक्षिणी

[एक रमणी के प्रति, जो बहस करना छोड़कर चुप हो रही]

क्षमा करो मोहिनी विपक्षिणि! अब यह शत्रु तुम्हारा,
हार गया तुमसे विवाद में मौन-विशिख का मारा!
यह रण था असमान, लड़ा केवल मैं इस आशय से,
तुमसे मिली हार भी होगी मुझको श्रेष्ठ विजय से।

जो कुछ मैंने कहा तर्क में, उसमें मेरी वाणी,
थी सदैव प्रतिकूल हृदय के, सच मानो कल्याणी!
और पढ़ा होगा तुमने आकृति पर अंकित मन को,
कितनी मदद कहो, मैंने दी है अपने दुश्मन को?

एक बहस का मुझे सहारा, जय पाऊँ या हारूँ;
ढाल बनाकर बचूँ याकि तलवार बनाकर मारूँ।
लेकिन, वार तुम्हारा सुन्दरि! कभी न जाता खाली,
देतीं जिला मरे तर्कों को भी आँखें मतवाली।

उचित तुम्हारा अहंकार है, रिपु को भय होगा ही,
सुन्दर मुख, मीठी बोली का तर्क अजय होगा ही।
और हठी इनके समक्ष भी आकर कौन रहेगा?
रहे अगर तो अन्ध-वधिर ही उसको विश्व कहेगा।

इस रण में थी कभी जीत की मुझे न इच्छा-आशा,
खिंची भँवों का सिर्फ देखना था अनमोल तमाशा।
आँख देखती रही सामने, पाँव मुझे ले भागे,
धन्य हुआ मैं देख खूबसूरत दुश्मन को आगे।

ठहरो तनिक और कुछ ठहरो, यों मत फिरो समर से,
अरी, जरा लेती जाओ जयमाल शत्रु के कर से।
हार गया मैं, और अधिक अब फौज न नई बुलाओ,
और मौन का यह घातक ब्रह्मास्त्र न सुमुखि! चलाओ।

[मूल अंग्रेजी के कवि : मैथ्यू प्रायर]

‘उर्वशी’ काव्य की समाप्ति

[‘उर्वशी’ काव्य के पूर्ण होने पर पंत जी को लिखा गया एक पत्र]

मान्यवर! आप कवि की जय हो,
यह नया वर्ष मंगलमय हो।

अब एक नया संवाद सुनें,
दें मुझ को आशीर्वाद, सुनें।

हो गया पूर्ण ‘उर्वशी’-काव्य,
जो था वर्षों से असम्भाव्य।

उपकार रोग भयकारी का,
यह रहा दान बीमारी का।

पर, खूब तपस्या कड़ी हुई,
बाधा कट-कट फिर खड़ी हुई।

मन को समेट सौ बार थका,
पर केन्द्रमग्न वह हो न सका।

जितनी भी की चिन्ता गहरी,
सूचिका नहीं ध्रुव पर ठहरी।

बरबस जब लिखने लगा छन्द,
देखा समाधि का द्वार बन्द।

मिन्नतें बहुत कीं माया की,
युवती पुरूरवा-जाया की।

पर, वह अजीब जिद्दी निकली,
अपनी शरारतों से न टली।

बैठ ही गई लेकर यह प्रण,
पट का न करूँगी उन्मोचन।

पर, मैं किवाड़ कूटता रहा,
पूरे बल से टूटता रहा।

जब जोर लगा उसको खोला,
तन भर का स्नायु-भुवन डोला।

मन उड़ा, किन्तु, धँस पड़ी देह;
कुछ रक्तचाप, कुछ मधु-प्रमेह।

गिर गया कई दिन सुध खो कर
चौखट पर ही मूर्च्छित हो कर।

रोकते रहे वैद्याधिराज,
पर, मन में था जग चुका बाज।

मुँह कभी नहीं मोड़ा उसने,
उड्डयन नहीं छोड़ा उसने।

फिर मैं भावों से भरा हुआ,
जैसे-तैसे उठ खड़ा हुआ।

बोला, सुन, मोहमयी ललने!
सब की माया, सब की छलने!

यह नहीं सामने कालिदास,
रस-कला-केलि-कविता-विलास।

कोमल-कर कान्त रवीन्द्र नहीं,
साधक योगी अरविन्द नहीं।

वैसे तो जन अविरोधी हूँ,
फिर भी, स्वभाव से क्रोधी हूँ।

पहचान कला-जग के पवि को,
खुरदुरे करोंवाले कवि को।

मत भाग-दौड़ कर क्रोध जगा,
सीधे चलकर आ, गले लगा।

अपना शिरीष-सा गात देख,
फिर फटे-चिटे ये हाथ देख।

जो पास नहीं खुद आएगी,
तो वृथा देह नुचवाएगी।

तब महाराज! वह मान गई,
यह भी पीछे पहचान गई,

मैं ही पुरूरवा राजा था,
हाँ, तब अब से कुछ ताजा था।

था उसे खिलाता केवल घृत,
खुद मैं पीता था सोम-अमृत।

उन दिनों रोग से खाली था,
मैं बड़ा पुष्ट, बलशाली था।

उर्वशी याद करके वह सुख,
हँस पड़ी सामने करके मुख।

जब त्रिया करे ऐसा, तब नर
चूमेगा कैसे नहीं अधर?

उर्वशी कंठ से झूल गई,
जो था गुस्सा, सब भूल गई।

फिर क्या था? सब खुल गए भेद,
हो उठा विभासित कामवेद।

मैं घोर चिन्तना में धँस कर
पहुँचा भाषा के उस तट पर।

था जहाँ काव्य यह धरा हुआ,
सब लिखा-लिखाया पड़ा हुआ।

बस, झेल गहन गोते का सुख
ले आया इसे जगत्-सम्मुख।

तब भी, मेरा है एक श्रेय,
यह कथा न थी मुझको सुगेय।

फिर भी जितना सह सकती थी,
भाषा जो कुछ कह सकती थी,
या जितना मेरे बस में है,
वह सब इस काव्य सरस में है।

भूतल पर डाले स्वर्ण-जाल
है बीत रहा यह काम-काल।

जो प्रणय-लिप्त, आहत-धृति है,
यह उसी काम-युग की कृति है।

तब भी, सब महिमा खसी नहीं,
सब त्रिया-जाति उर्वशी नहीं।

वे भी हैं जिनके बड़े हृदय–
में मधु से मिला हुआ है पय;

जिनके प्राणों के महाव्योम–
में संग उदित हैं सूर्य-सोम।

पर, हाय, यही रोती रहतीं,
दायित्व सभी ढोती रहतीं।

माताएँ क्लेश उठाती हैं,
उर्वशियाँ मौज मनाती हैं।

अब समझा, क्या मन्तव्य रहा?
क्यों अपने को खुरदुरा कहा?

तब भी, सुकोमला परी भली,
जैसे-तैसे, बच ही निकली।

युग-धर्म देख मुँह मोड़ लिया,
बस, तनिक दबा कर छोड़ दिया।

आखिर, कवि ही हूँ, नहीं वधिक;
दो-चार नखक्षत से न अधिक।

पढ़ कर प्रेमी चकराएँगे,
सीधे यह समझ न पाएँगे,

मैं पुरूरवा हूँ या कि च्यवन,
अथवा मेरा नवयुग का मन
सहचर है परी वदान्या का
या औशीनरी-सुकन्या का?

जो अधिक रसिक होंगे, वे तो
इससे भी खिन्न उठेंगे रो,
जो त्रिया अन्त में आती है,
वह क्यों सब पर छा जाती है?
क्यों नीति काम को मार गई,
अप्सरा सती से हार गई?

पर, मैं क्या करूँ? सती नारी
आती जब लिये प्रभा सारी,
करतब वह यही दिखाती है,
सब के ऊपर छा जाती है।

मैं महा दर्शनाचार्य नहीं,
कविता का भी आचार्य नहीं।

केवल जो समझा, सीखा है,
जो कुछ नयनों को दीखा है,
लिख दिया उसे निश्छल होकर,
सच है, कुछ लाज-शरम खोकर।

कहने भर को प्राचीन कथा,
पर इस कविता की मर्म-व्यथा

आज के विलोल हृदय की है,
सबकी सब इसी समय की है।

जब भी अतीत में जाता हूँ,
मुरदों को नहीं जिलाता हूँ।

पीछे हटकर फेंकता बाण,
जिससे कम्पित हो वर्तमान।

खँडहर हो, हो भग्नावशेष,
पर, कहीं बचा हो स्नेह शेष,
तो जा उसको ले आता हूँ,
निज युग का दीया जलाता हूँ।

अच्छा, अब इतना आज अलम्,
अब माँग रही आराम कलम।

दो बजे; बन्द अब काम करूँ,
जब तक निश है, विश्राम करूँ।
पहले ले किन्तु, बुझा 'हीटर'
तब सोए कविता का 'फीटर'।

जाने, निद्रा कब आएगी?
या आज रात कट जाएगी।
यों ही टटोलते मन अपना,
देखते उर्वशी का सपना?

लेकिन, प्रणाम अब हे कविवर!
सोने को चला अनुज दिनकर।

[नई दिल्ली, 2 जनवरी, 1961 ई.]